AVORTEMENT

DU PROJET

DE RÉDUCTION DES RENTES.

A ouïr ces débats bâtards, issus de deux questions fortuitement accouplées, la chute du ministère et la ruine des rentiers, la colère monte à la tête et le cœur s'éprend de pitié.

C'est au degré le plus extrême du paroxisme, une crise, ou plutôt une phase du *choléra-morbus* moral et mental, dont en ce siècle, l'espèce humaine est possédée d'un pôle à l'autre, et qui éclate ici et là, aujourd'hui ou demain, après quelque rémittence, avec redoublement progressif.

Le caractère de l'affection calamiteuse est d'autant plus menaçant, qu'elle se manifeste davantage ce semble, au sein des débris encore animés d'une certaine vie, bien qu'épuisés de toute force, des débris épars de l'antique ordre des choses.

Là, un prince, plutôt que de s'en reposer aux aides du temps, dont les chances ont coutume de se succéder en sens inverse, dont les bénéfices futurs sont comme promis

par les revers présens, va se jeter en son pays, où déja le
feu avait pris en telle façon, que la vaine tentative de l'é-
teindre était prédestinée à l'enflammer de plus belle, à amener un embrâsement universel.

Ici, des orateurs, plutôt que de se résigner à une infor-
tune, à laquelle ils ne sont pas tout-à-fait étrangers, et
plutôt aussi que de se comporter, au cas d'un retour du
sort, de façon à ne pas y opposer d'obstacles, s'en vont en
la seule vue d'ébranler le pouvoir, disposer de l'existence
d'un nombre des plus honnêtes gens, et les mal disposer
par suite, à l'égard de l'objet favori de leurs espérances.

Manque de foi en point de justice; manque de sens en
point de prudence: voilà comme il est opéré.

Et c'est à la fois, prendre peine vaine, courir risque
certain: car l'effet moral aura lieu seulement.

Non, la rente ne sera pas réduite. (*Plan de finances*, etc.)

La trame odieusement ourdie d'un bord, niaisement
agréée de l'autre, s'enfouit, s'engloutit, aux abîmes du ridicule.

Il était parlé de trente millions et plus, en *boni*
quitte et net, en conséquence de ces deux suppositions gra-
tuites, que le cinq réductible s'élevait à 150 millions, et
que la réduction s'effectuerait au cinquième.

Il n'est plus parlé que d'un dixième à rogner sur cent
millions; en quoi même, on est disposé à des exceptions,
apparemment pour le quart appartenant à des rentiers au-
dessus de mille francs.

Boni de huit millions : *boni* dans deux ans : *boni* sur
parole. Rien de plus, de mieux.

Notez, car ce sont *les magnifiques résultats*, qui, sui-
vant l'ancien ministre des finances, à l'imitation servile de
Desmarets et de Terray aussi promettant merveilles, sont
assurés en tête du nouvel édit de réduction;

Notez, que de ce tant frêle effet, aussitôt tourné en la plus formidable cause, va provenir la baisse universelle et permanente de l'intérêt des transactions privées ; en telle façon que quiconque à la fois dénué de tout moyen d'employer à profit et dépourvu de tout moyen de s'acquitter en capital, se verra incontinent assiégé, persécuté d'offres de fonds ;

Notez que de ce *Mezzo termine*, qui laisse le quatre et demi au même état que le cinq, suspendu entre la ferveur de l'ascension en les nues, et la terreur de la conversion au pair, va survenir la hausse indéfinie du crédit public, tout au moins nivelé avec celui d'outre-mer.

Ou plutôt notez, car de vrai, le beau projet n'a été édifié, qu'en vue de servir comme d'un bélier à la guise des Romains, pour battre à coups redoublés, et enfin jeter ras-terre, une bâtisse déja fortement ébranlée, qu'il s'en est déja ensuivi, en nature de produit net, la chute tant convoitée du ministère.

Notez aussi que par ricochet, il est résulté de la manœuvre des expédiens, à l'effet de mener à bonne fin l'entreprise hasardée, selon les paroles frappantes de M. Fonfrède :

« D'abord que la chambre de son premier bond, *a mis tout gouvernement à bas* ;

« Ensuite que la chambre niant par le fait, et la pairie et la royauté, doit se trouver atteinte du dédain de la pairie, de la méfiance de la royauté.

« Enfin que le ministère soumis à la férule de l'initiative irréfléchie, incohérente, impétueuse, est devenue un supplice intolérable, un martyre étouffant. » (*La raison des temps, pag.* 52-55.)

Notez encore qu'en somme, il n'apparaît de tout ce fracas, après tout cet éclat, qu'une œuvre à la façon de Pénélope, tissue au long du jour et non sans grand effort de génie, par la chambre dite des représentans, et défilée dans le silence des nuits, non sans quelque rire ironique, et par le cabinet laissé libre et par la pairie faite maîtresse.

Notez enfin qu'en cette heure même, il s'ensuit au sein des envieux, des avares de province, marchant au combat so us cette insigne bannière,

D'abord son propre bien, et puis le mal d'autrui.

Rien que cette idée tournant en mépris ou en haine, que la chambre les a leurrés ou a été leurrée, voire même peut-être que la chambre les a vendus et s'est vendue.

Et pourtant il n'y a pas à dire comme dans le Barbier de Séville : Qui donc trompe-t-on ici?

Il y a plutôt à dire : Qui donc ne se trompe pas ici? Sauf toutefois, quant au rapporteur dont le travail est fait pour lui porter la plus juste gloire, à raison de la méthode et du style.

Mais quelle tâche rude et dure était donc imposée?

Il lui fallait, à son cœur défendant, mettre en scène, ces pauvres ombres de Pothier et de Denisart, à seule fin de leur faire dire, alors qu'ils n'ont plus la parole à l'effet de le démentir, comme quoi en leurs cabinets de consultation gratuite ou non, ils s'étaient imaginé de régler les rapports de l'état avec ses créanciers, de traiter du droit des gens, car dans le contrat d'emprunt, entre deux parties libres, certes le code, fût-il décoré du nom de Napoléon, ne fait pas loi.

Il lui fallait, en dépit du scrupule encore, citer à la barre, et Sully et Colbert, aussi en ombres, fort mal venus à s'inscrire en faux, pour se voir dire, comme quoi il y a plus de deux siècles et d'un siècle et demi, il a été opéré par eux, des actes effectifs de remboursement, *sans que le droit ait été contesté;*

Alors qu'à la ligne qui suit, il est dit quant au premier

que les remontrances des échevins de Paris, empêchèrent *que le bien se fît en entier ;* alors qu'en la note qui termine, il est dit quant au second, qu'il fût arrêté que les anciennes rentes décriées dans le public, seraient remboursées au denier quinze, et que déja les rentes appelées *petites tailles ,* avaient été remboursées au denier dix.

D'où, il apparaît manifestement, non certes qu'on ait remboursé au pair, mais bien qu'on s'est redîmé à un taux arbitraire, *d'après la méthode suivie jusqu'alors, dont on ne s'écarta point,* ainsi que dit le naïf Forbonnais.

Ceci lui était prohibé, d'exposer avec toute la lucidité d'un talent de premier ordre, comme quoi un remboursement opéré à la distance et de huit et de six générations , n'avait pu nullement informer du cas dirimant où ils se mettaient, les contractans ou leurs ayant-cause ; comme quoi toute loi, tout droit, s'il est tombé en désuétude, perd *ipso facto,* les caractères de la loi, du droit;

Et que si le cas est tel qu'il y ait à en fournir les preuves probantes , c'est justement qu'il n'y a pas de preuves valides à fournir ; enfin que si parfois dans l'ordre politique , le droit est dérivé du fait seul, toujours dans l'ordre civil, le fait consacré par le temps, dispose en souverain, du droit.

Laissons parler le rapporteur qui prête bénévolement aux rentiers, des paroles auxquelles il tente en vain de répondre :

« Mais un droit trop rigoureux cesse quelquefois d'être un droit, et doit fléchir devant les considérations d'équité. Les rentiers ne peuvent-ils pas prétendre que, s'il existe, il n'est pas tellement incontestable qu'ils n'aient pu s'y tromper? Qu'ils ont attaché à l'idée de la perpétuité des rentes un sens absolu, et que c'était dans cette perpétuité qu'ils trouvaient un équivalent des chances que couraient leurs capitaux? Que, dans tous les contrats, on doit avoir égard à l'intention de ceux qui ont traité, et que ce devoir est encore plus fort pour un état qui, stipulant avec des particuliers dépourvus de tout moyen d'action contre lui, et seul juge des difficultés que peuvent offrir les conventions, doit interpréter contre lui-même tout ce qu'elles présentent d'obscur et de douteux ? » (*Rapport.*)

Et en dehors, au-dessus du droit absolu de justice, sur le point d'équité morale, laissons encore parler le rapporteur :

« Combien de savans, d'artistes, d'hommes laborieux livrés à l'exercice de professions libérales, ont été heureux de rencontrer un genre de placement qui leur promettait de consacrer tout leur temps et toutes les facultés de leur intelligence à servir et honorer leur pays, sans être détournés par des détails d'administration de fortune, auxquels ils sont souvent impropres ? Combien de femmes, de vieillards, de mineurs, ont trouvé le même remède à une pareille impuissance ! et ces rentiers si nombreux, dont le revenu n'atteint même pas 500 fr., que sont-ils, si ce n'est des domestiques, des ouvriers, des petits employés pour lesquels le grand livre a servi d'auxiliaire et de complément aux caisses d'épargne.

« Toutes ces faiblesses sont venues se réfugier sous la protection du gouvernement. » (*Rapport.*)

Laissons-le parler enfin, quant à la baisse de l'intérêt, à provenir de l'opération projetée :

« Nous n'avons pas recherché quel était le taux commun de l'intérêt en France. Rien de plus difficile qu'une telle appréciation ; car rien de plus variable et de plus compliqué que les élémens qui influent sur ce taux. L'abondance ou la rareté des capitaux, la confiance qu'inspire l'emprunteur, les sûretés qu'il offre, la facilité ou la difficulté de rentrer dans ses fonds à l'époque de l'échéance, la faveur dont jouit telle ou telle industrie, la loyauté ou l'adresse des contractans, mille autres causes encore expliquent comment d'un lieu à un autre, comment dans le même lieu, et dans des circonstances en apparence semblables, on rencontre des taux d'intérêt si différens les uns des autres. » (*Rapport.*)

A la vérité, ici le thème lui était dicté, depuis qu'en sa haute sagesse apparemment, et certainement de sa pleine puissance, la chambre avait passé à l'ordre du jour, sur l'abolition de la loi relative à l'intérêt des prêts :

Car, si on ne veut pas rendre la liberté à l'argent, c'est qu'on croit qu'il en abuserait, pour ne se livrer qu'au-dessus de cinq pour cent ;

Et si on ne veut pas fixer l'intérêt légal à quatre pour cent, c'est qu'on ne croit pas que l'intérêt contractuel soit à ce taux ;

Et si on ne trouve pas juste d'abaisser le taux de l'intérêt à l'égard des fonds retenus ou placés momentanément, accidentellement, c'est qu'en l'instinct comprimé et non étouffé de la conscience, on trouve injuste de le réduire quant à un fonds aliéné à perpétuité, exposé à tous les risques, déprécié par le laps du temps.

Tellement que c'est chose impossible, *moralement parlant*, que les mêmes boules, passant du blanc au noir soudainement, s'aventurent à ce point, de prescrire que l'intérêt entre l'état et ses créanciers, ne soit plus qu'à 4 ou 4 1/2 pour o/o, après avoir prescrit qu'il serait à 5 pour o/o entre les particuliers.

De même que c'est chose inconcevable, *mentalement parlant*, que s'enveloppant hermétiquement, à ne plus rien voir, rien palper, sous la robe à replis ondoyans du grand Cujas, des orateurs ont omis de se douter, que l'argent est à celui qui l'a, comme la terre est à celui qui l'a, qu'ainsi que la terre se loue aussi cher qu'il se peut, l'argent se loue en pareille façon ; que de plus, au lieu que la terre se bonifie d'un jour à l'autre au profit de qui l'a, l'argent s'avilit de plus en plus au détriment de qui l'a; qu'enfin, quoi que dise ou fasse la loi infime en tel cas, le maximum imposé au prix vénal de l'argent, opère à l'instar du maximum imposé au prix de quoi que ce soit, et que moins d'argent venant sur le marché, comme les demandes l'emportent d'autant sur les offres, le prix s'élève immanquablement.

Si bien que la loi dite contre l'usure, est une loi faite pour l'usure.

« N'y a-t-il pas toujours un peu d'égoïsme dans les emprunts? N'est-ce pas une charge léguée à l'avenir pour soulager le présent? Et une génération tout entière ne doit-elle pas avoir pour sa postérité, la même prévoyance qu'un père de famille pour ses enfans? Evitons donc les reproches de nos descendans: qu'ils n'aient pas le droit de nous accuser de n'avoir pas travaillé de tous nos efforts, de toute notre puissance, à l'allégement du fardeau que nous sommes obligés de leur imposer. Qu'on ne cherche pas un prétexte pour se dispenser de ce devoir, dans l'utilité que retireront les générations à venir, de nos travaux de tout genre, et des sacrifices que nous supportons pour des entreprises dont elles seules recueilleront les fruits. Parmi les dépenses qui ont chargé notre grand livre, il en est malheureusement trop d'improductives pour que la balance soit en notre faveur : lorsque nos comptes avec nos neveux pourront être réglés, tâchons au moins, qu'elle nous soit le moins défavorable possible. » (*Rapport.*)

Voilà bien les plus belles, les plus bonnes paroles qui aient été dites sous la loi représentative, assez sujette cependant à promettre, ainsi que trop accoutumée à ne pas tenir.

Mais en de telles paroles, il n'y a vérité, qu'autant qu'elles s'appliquent à l'épargne de vaines dépenses, et qu'elles s'opposent à l'accroissement des emprunts stériles.

En de telles paroles, il n'y a plus que leurre à se tromper soi-même, ou qu'artifice à tromper les autres alors qu'elles aboutissent seulement, à décimer la rente, à s'approprier huit ou dix millions.

L'état paie pour la dette publique, 170 millions; il paiera 160 millions : sauvetage de 6 pour o/o.

L'état paie pour la totalité des services, un milliard; il paiera 990 millions : aubaine d'un pour o/o.

Encore le butin n'est que légué aux générations à naître, est d'abord palpé par la génération vivante : de façon que justice ou injustice, en tout cas est faite en vue de ceux par qui elle est faite; et que loin qu'il y ait noblement ou follement, un sacrifice offert, il y a plutôt un bénéfice loyalement ou déloyalement acquis.

De plus, sans qu'aucun obstacle soit opposé à la surcharge progressive de la dette, au contraire, en tant que l'entreprise dût amener la hausse du crédit, les emprunts futurs seraient d'autant plus conviés à s'accumuler sans mesure.

Tout autre plan avait été conçu.

A l'aide d'une mise annuelle de 6 millions, la dette publique était convertie en annuités, par moyen terme à 75 ans.

A l'aide d'un fonds subsidiaire, les emprunts nouveaux étaient éteints en quinze années.

Par la grace du temps, la charge réelle de la dette se réduisait aux deux tiers, à la moitié, en quarante ou cinquante ans.

Par la faveur de la loi, le fonds dit encore d'amortissement, aussitôt restitué à la production, jettait des valeurs fort supérieures à l'intérêt de l'emprunt destiné à son emploi actuel.

Par la sagesse, la prudence du pouvoir, et maintes dépenses infécondes étaient supprimées, et maintes épargnes non nuisibles étaient accomplies. (*Plan de finances de bon sens et de bonne foi*).

On parle au mieux, on agit au pis; attendu qu'à la tribune il n'en coûte rien à dire, et que dans le cabinet il en coûte fort à faire.

« Eh! que ce pays doit être bien gouverné, disait le pape Ganganelli : il n'y a que la providence à s'en mêler. »

Il en est de même à présent, sauf toutefois, autant qu'il apparaît, que la providence lasse peut-être, a cessé de s'en mêler.

Si le bien ne s'effectue en aucun point, si le mal s'opère jusqu'au terme extrême, c'est qu'il n'existe pas de pouvoir vraiment en exercice, réellement en vigueur.

Sous les auspices généreux et libéraux même, quoiqu'il déplaise à l'entendre, de la restauration, l'antique souche du pouvoir, dont la tige si long-temps imposante avait été rompue, brisée par l'ouragan, s'est mise à pousser des branches nouvelles, naissant avec une égale sève, croissant de fort inégale taille, et l'une desséchant, dévorant l'autre.

Justement, la prédominante porte des fleurs du plus brillant éclat, ne porte point de fruits à maturité.

La chambre est bornée à vouloir; le cabinet est doué de pouvoir : et le vouloir, le pouvoir différens en leur source, divergeans en leur cours, se contrecarrent, s'annulent réciproquement.

Puis brochant par-dessus le tout, tombe comme des nues, on ne sait trop quoi dont le bruissement continu, qui semble annoncer quelque corps effectif, quelque force positive, jette l'épouvante.

Ainsi la chambre et le cabinet se tiennent en transes l'un vis-à-vis de l'autre, et tremblent tous les deux devant l'être fantastique de la presse.

Qu'on sabre les rentiers, qu'on sabre aussi les **Maures**,

s'écrie la presse, s'enveloppant du manteau supposé de l'opinion publique.

Certes la chambre, au moins à jeûn, n'est point tourmentée de la soif de sabrer ici et là : certes aussi le cabinet est au contraire obsédé de terreur, que les coups ne lui soient retournés soudain.

N'importe qu'on veuille ou non. Marche, s'écrie la presse, appliquant le fouet piquant du ridicule, brandissant la verge déchirante de la honte : et on marche, les yeux fermés pour se dérober à l'aspect du péril.

De là, ayant perdu en ces habitudes serviles, toute puissance de judiciaire, toute force de caractère, ailleurs sous l'influence du commerce plutôt que sous l'ascendant de la presse, on renvoie de jour à autre, on attermoie sans fin, la solution du problème colonial.

Et cependant les temps vont, eux qui jamais ne doutent, n'hésitent, amenant en Algérie, comme on dit, en outre de la guerre avec Maroc, quelque soulèvement de tout ce qui est de la religion de Mahomet, quelque issue funeste de tout ce qui se fait par l'ambition du chef, et quelque peste orientale à renfermer l'armée sous une tombe, et quelques Vêpres Siciliennes, à la noyer dans un océan de sang.

Les temps vont, amenant dans les Antilles, pertes accroissantes, ruine définitive, et par suite révolte, massacre, incendie.

Qu'on me donne un point d'appui, un lévier, disait Archimède : et je dispose du monde.

Qu'on donne un trône, un sceptre, y a-t-il à dire maintenant : et la France est sauvée, comme autrement elle est perdue.

Devant cette divinité formidable apparemment, la PEUR, le pouvoir hébêté d'esprit, affaissé de cœur, aux régions d'outre-mer, fait à exterminer les Musulmns et toute à

périr de mort lente ou de mort aiguë, les armées; laisse
languir, pâtir les colons, et les pousse au devant des me-
naces du temps.

Au sein même du pays, il annonce la ruine, il éveille la
colère en une classe nombreuse; et il obère de charges ini-
ques, embrâse d'inimitié la masse immense du peuple.

Ce semble, en hommage au culte d'une telle divinité, le
pouvoir se fait eunuque.

Or où l'on va ainsi, est assez clair.

A l'intérieur, à peine s'aperçoit-on s'il existe un pouvoir
en tête : tant rien de doux ne vient à émaner d'en haut, à
s'épandre au plus bas; tant ce qu'il y a de plus dur vient à
surgir des rangs subalternes, à peser sur les classes in-
fimes.

A l'intérieur, il y a une chambre marchant à tâtons, frap-
pant de droite et de gauche, tuant par mégarde et regrettant,
mais ne ressuscitant pas les morts; un cabinet tour à tour
intronisé, anathématisé d'un coup de dés, ne se soutenant
qu'à la charge de ne pas bouger, ne s'enhardissant qu'à
force de peur.

A l'extérieur, qu'apparait-il?

Imbroglio avec les Etats-Unis, *mezzo termine* en Espa-
gne, *quos ego* .... devant Bâle, *de profundis* à l'égard de la
Pologne, *amen* au sujet de Cracovie.

Et qu'en arrive-il?

La nouvelle qui vient à point nommé, ne sera transcrite
qu'au bas de la page, qu'en caractères les plus tenus :
car celui-là seul qui a la tâche de lire, aussi a la force de
lire (1).

___

(1) Quelle sensation produisent aujourd'hui toutes les affaires domestiques qui composent l'histoire actuelle de la France? Qui est-ce qui se
soucie le moins du monde de savoir si M. Thiers est d'un pouce plus petit
que M. Guizot, si le *Constitutionnel* est devenu plus fade, plus insignifiant
que le *Temps*, si le tiers-parti se distingue essentiellement de celui des

Et que s'ensuivra-t-il ?

Se souvient-on de l'empire romain ? se rappelle-t-on de la Pologne ? se doute-t-on de la Turquie ?

C'est qu'à un corps, afin que ce ne soit pas un cadavre, il faut une tête.

C'est qu'autant que les organes, les membres se tiennent à l'écart, se comportent à part, d'autant plus il faut une tête.

Qu'on voie plutôt l'empire ; et qu'on voie l'ancienne royauté, la nouvelle monarchie.

Ainsi parle, qui se félicite des haînes de ceux qui ne sont capables que de haïr, se glorifie des mépris de ceux qui ne sont pas même dignes d'être méprisés, et passe à travers la haîne, franchit par-dessus le mépris, pour aborder au port de morne paix : LA PITIÉ.

doctrinaires en joignant à de plus grandes prétentions, de moindres capacités.

On s'aperçoit aisément qu'en France, le nerf manque aux partis, et qu'il n'existe plus dans ce pays que des coteries rivales et mesquines : tout se borne à une politique d'épiciers. L'Europe se détourne de leurs débats, non avec horreur, car on n'éprouve pas d'horreur pour ces petits boutiquiers, mais avec mépris ; et il est aussi juste que politique de ne pas même s'occuper de leur existence. Maintenant la prise de possession de Cracovie va les mettre en train de pérorer comme par le passé : ils crieront comme de petits enfans ; mais on les calmera avec quelques bonbons, et tout sera dit.

(Gazette d'Augsbourg.)

P. S. N'ayant pu avoir le *Moniteur* que mercredi, trois jours pleins ont été seulement alloués pour lire et écrire, pour copier, composer, imposer, corriger, et reviser, tirer, sécher, plier; et, grace aux mesures libéralifiques ou libéralifères (ni l'un ni l'autre ne se disent) de Nosseigneurs de la questure, fermant la porte au nez de tout ce qui ne vient pas d'eux ou ne va pas à eux, pour mettre sous bandes, mettre au bureau, mettre en la sacoche, mettre de porte en porte, etc., etc., etc., etc., etc.

PARIS, de l'imp. D'A. PIHAN DE LA FOREST, rue des Noyers, n 37.